Alef Bet Quest

by Dina Maiben

Editorial Committee:

Hana Alter

Sarah Gluck

Lesley Litman

Ellen J. Rank

Pearl Tarnor

Behrman House, Inc.

www.behrmanhouse.com

For Jacquelyn Nappa, a true woman of valor

"Her mouth is filled with wisdom; the teaching of kindness is on her tongue ... Many daughters have done valiantly, but you surpass them all."

Proverbs 31

Book and cover design: Stacey May
Illustration: Bob Depew
Project Editor: Terry S. Kaye

www.behrmanhouse.com

ISBN 978-0-87441-830-9
Manufactured in the United States of America

Contents

Quest for the Golden Kiddush Cup

Color each piece of the plate after you complete that lesson in the Quest for the Golden Kiddush Cup on your computer. You can also write in the key words and the new letters or vowels for each lesson.

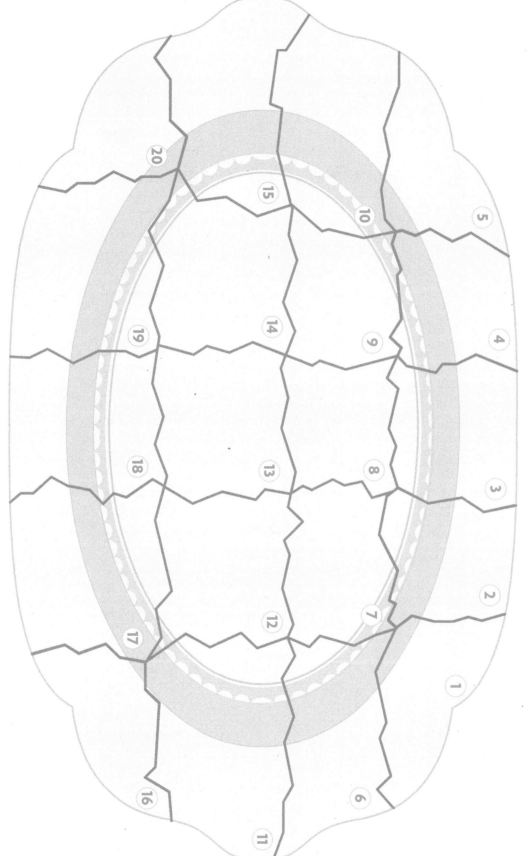

LESSON 1

There

שָׁם

שַׁמָּשׁ

What's New? Shin שׁ Mem מ Final Mem ם

◌ָ ◌ַ ◌ֲ

In the Beginning

Look at the Hebrew words below. Your teacher will read them to you. Circle every letter with a "m" or a "sh" sound.

1. שַׁבָּת
2. מְזוּזָה
3. שׁוֹפָר
4. מוֹרָה
5. שָׁלוֹם
6. מַצָּה

Draw an arrow pointing to the first letter of each word above. On what side do Hebrew words start?

Hebrew words start on the ____________________ side.

Letter Hint

There are five Hebrew letters that change shape at the end of a word. They are called "final letters."

The letter מ is one of the letters that has a final form. At the end of a word it looks like a marshmallow: ם

Circle every letter that we find only at the end of a Hebrew word.

ם   מ   ם   שׁ   מ   ם   שׁ   מ   ם

Word Building

Read these Hebrew syllables out loud.

1. שַׁ   שָׁ   שַׁ   מָ   מַ   מָ
2. שַׁמָ   שָׁשָׁ   שַׁמַ   מָשַׁ   מַמָ   מָמַ
3. שָׁם   שַׁשׁ   מָשׁ   שָׁשׁ   מַשׁ   מַם
4. שַׁ-שָׁם   שַׁשָׁם   מַ-שָׁם   מַשָׁם
5. מַ-מָשׁ   מַמָשׁ   שָׁ-מַם   שָׁמַם
6. מָ-שַׁשׁ   מָשַׁשׁ   מָ-מַם   מָמַם

I Can Read Hebrew!

Read these Hebrew words and sentences out loud.

1. שָׁם   שָׁמַם   מָשַׁשׁ   מַמָשׁ   שַׁמָשׁ

2. שַׁמָשׁ שָׁם.

3. שַׁמָשׁ מַמָשׁ שָׁם.

I Can Write Hebrew!

Write **Sh**in.

שׁ

Write **M**em.

מ

Write final **M**em.

ם

Write these new words at least twice. Remember to leave a space between them.

שַׁמָשׁ

שָׁם

The שַׁמָּשׁ is a helper candle. We use it to light the other candles in the Ḥanukkah menorah. Color in the hidden picture to find out which night of Ḥanukkah it is.

Yellow = "SH"
Red = "M"
Blue = "AH"
Leave all the blank spaces white.

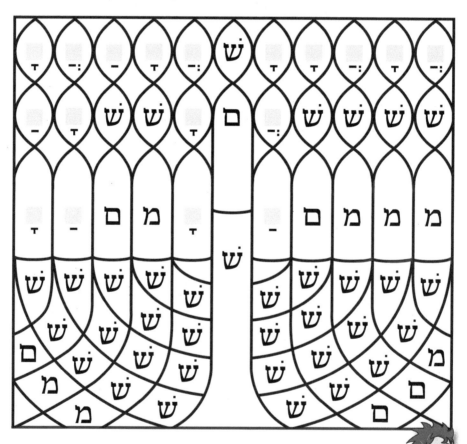

It is the _____ th night of Ḥanukkah. Use this number to score bonus points in the Super Water Ski game in Lesson One of the Quest for the Golden Kiddush Cup on your computer.

LESSON 2

עַם

אַבָּא

What's New? → Bet בּ Ayin ע Alef א

Vowels You Know

ָ ַ ֲ

Letters You Know

מ/ם שׁ

Letter Hint

The letters א and ע do not make any sound of their own. When an א or an ע has a vowel under or next to it, it makes only the sound of the vowel.

Super Reading Secret #1

Every syllable has a consonant (letter) and one vowel: בַּ
Some syllables have two consonants and a vowel: עַם
Some words have more than one syllable: אַבָּא

Blend letters and vowels into smooth syllables. Then blend syllables into smooth words. Practice reading these syllables out loud. Circle every syllable in each word:

שַׁמָשׁ = שַׁ מָשׁ

1. אָשַׁ אַשׁ אָשַׁם
2. שָׁמַ שָׁם שָׁמַע

Word Building

Read these Hebrew syllables out loud.

1. אַ מָ עַ שָׁ בַּ אָ
2. אַם מָם עַם שָׁם בַּם אָם
3. שָׁ-מַם שָׁמַם שַׁ-שָׁם שַׁשָׁם מַ-בָּם מַבָּם
4. שַׁ-עָשׁ שַׁעָשׁ שַׁ-בָּע שַׁבָּע שָׁ-מַע שָׁמַע
5. שַׁעְם מַעְם עְמַם אְשַׁם בָּאַם מַשָׁם

I Can Read Hebrew!

Read these Hebrew words and sentences out loud.

1. בָּא   בָּם   עַם   שָׁם   עָשׁ   שַׁמָשׁ
2. אָשַׁם   שָׁמַם   עָמַם   אָשַׁם   עַמָא   עָמַם
3. עַמָם   עָשַׁשׁ   שַׁעַם   מַבָּע   בָּאַשׁ   מַבַּע
4. אַבָּא שָׁם. אַבָּא שָׁמַע.
5. אַבָּא בָּא.

I Can Write Hebrew!

Write Alef.

א   א   א   א

Write Ayin.

ע   ע   ע   ע

Write Bet.

בּ   בּ   בּ   בּ

Write these new words at least twice. Remember to leave a space between them.

אַבָּא   אַבָּא   אבא

עַם   עַם   עם

Sound Off

What are they saying? Write the
correct sound in each speech bubble.
Use the sound box to help you.

Clue to the Quest 2

Sounds of Silence

Read these Hebrew sentences out loud. Circle all the letters that
make no sound of their own, just the sound of the vowel.

עַם שָׁם. אַבָּא שָׁם. אַבָּא שָׁמַע. אַבָּא בָּא.

How many total letters did you circle? _____

How many different letters did you circle? _____

Add these numbers together _____

Use this number to score bonus points in the Animal Antics
game in Lesson Two of the Quest for the Golden Kiddush Cup.

LESSON 3

אָדֹם

שָׁלוֹם

What's New? ל Lamed ד Dalet ← ֹ וֹ

Letters You Know

א בּ מ/ם ע שׁ

Vowels You Know

ָ ַ ֲ

I Can Read Hebrew!

Read these Hebrew words out loud.

1. עַם דָם שָׁם עַמָם לָמַד עָמַד
2. בַּד מַד שָׁדַד מָדַד לָעַד עַד
3. אַל דַל שָׁל מָל בַּל עַל
4. עָלַל דָלַל שָׁאַל מָעַל בָּעַל עַמָל
5. עֲלַע בָּלַם שָׁלַם בָּלַע בַּלָשׁ עָלַם
6. לָעַד אָדָם בַּעַד בָּדַד בָּדָל מָעַד

Vowel Hint

Here's a good way to remember the sound of the new vowels: וֹ ֹ

When you see a Hebrew vowel that is **O**ver a letter, remember to say "**O**h."

I Can Read Hebrew!

Read these Hebrew words and sentences out loud.

1. אוֹ בּוֹ לֹא לָמוֹ עַמוֹ דָמוֹ
2. מוֹל בּוֹשׁ עֹל לוֹד אֹם עוֹד
3. מָלוֹא שָׁלוֹשׁ שָׁלוֹם לָמוֹד עֲמוֹד אָדֹם
4. מֹעַל שׁוֹלַל עוֹלַל מוֹלָד מוֹדָע עוֹלָם
5. אַבָּא שָׁם. אָדָם לֹא שָׁם. שָׁלוֹם אַבָּא.
6. אַבָּא שָׁמַע. אַבָּא בָּא. שָׁלוֹם אָדָם.

I Can Write Hebrew!

Write Lamed.

ל ל ל ל

Write Dalet.

ד ד ד ד

Write these new words at least twice.

שָׁלוֹם שָׁלוֹם

אָדֹם אָדֹם

The "Write" Word

Write the correct word on the line under each picture.

Word Bank

עַם שַׁמָּשׁ שָׁלוֹם אַבָּא

Rhyme Time

On each line cross out the word that does not rhyme.

1. בָּשַׁל בָּלַע מָשַׁל
2. שָׁלוֹשׁ שַׁלָם אָדָם
3. אָדֹם שָׁלוֹם עוֹלָם
4. עֹל עָלַל מַעַל
5. לָמַד מַעֲמָד מָלוֹא
6. לָמוֹד שָׁלוֹם עָמוֹד

Clue to the Quest 3

Letter by Letter

The objects below are called the same thing in Hebrew and English. Circle the Hebrew letter that begins each word.

① ל שׁ בּ

② ל שׁ בּ

③ ל שׁ בּ

Use the letters you circled to fill in the missing letters in these two Hebrew words.

①__ ②__ וֹם

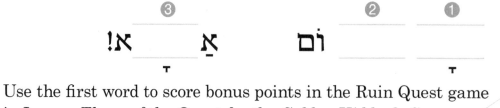

אַ ③__ א!

Use the first word to score bonus points in the Ruin Quest game in Lesson Three of the Quest for the Golden Kiddush Cup.

LESSON 4

"The" הַ-

יָד

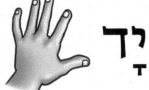

What's New?

Hay ה	Yud י

Vowels You Know

ָ ַ ֲ ֹ וֹ

Letters You Know

א בּ ד ל מ/ם ע שׁ

Word Building

Read these Hebrew syllables out loud.

1. הָ שַׁ הוֹ יוֹ עֹ
2. הַשׁ יָשׁ הוֹד יֹד עוֹד
3. הַשׁוֹם אָשׁוֹם הוֹדַל יָדָל עוֹדַל
4. הַ-שָׁ-הוֹם הַשָּׁהוֹם הָ-עוֹ-לָם הָעוֹלָם

Same Sound

Circle the syllable in each line below that makes the same sound as the syllable on the right.

הָא	עַ	עוֹ	אֹ	הֹ	אָ	1. הַ
עוֹ	הוֹ	אֲ	יוֹ	הַ	אֹ	2. עַ
יָ	יֹ	עוֹ	אֹ	הוֹ	אָ	3. הֹ

I Can Read Hebrew!

Read these Hebrew words and sentences out loud.

1. יָם יוֹם יוֹמָם יָד יָדוֹ יַעֲמֹד
2. הָלַם הֲדֹם הֲלוֹם הוֹד הֲלֹא הוֹדוֹ
3. בֹּהַל שֹׁהַם מָהוֹד הֲדוֹם לַהֲמֹם יַהֲלוֹם
4. הַיָם יַעַל הַיוֹם הָאָדָם הָעוֹלָם הַשָׁלוֹם
5. הַיָד עַל הַשַׁמָשׁ.
6. שָׁלוֹם עַל הָעוֹלָם.

I Can Write Hebrew!

Write **Hay**.

ה ה ה ה

Write **Yud**.

י י י י

Write these new words at least twice.

יָד יָד

הַיָד הַיָד

Sound Check

Draw lines between the words that sound the same.

שָׁאַל	בֹּא
עָמַד	לוֹ
הַלוֹ	עַל
דַע	דָא
לֹא	אָמַד
בּוֹ	הֲלֹא
אַל	שַׁעַל

In Hebrew **-הַ** means "the." We attach it to the beginning of a word. Fill in the missing word in each blank.

the helper candle = הַשַּׁמָּשׁ

the _____ = הַיָּד   _____ peace = הַשָּׁלוֹם

Sometimes the vowel in **-הַ** changes to **-הָ**, but it still means "the":

_____ people = הָעָם   the _____ = הָאַבָּא

Crossword

Complete this puzzle in Hebrew. Do not write vowels under the letters.

Clues (across only)

1. <u>The</u> hand

2. There

3. <u>The</u> helper candle

4. Peace

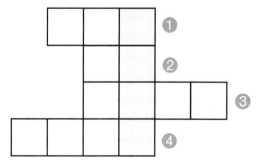

I'm always there to help. What am I? Fill in the letters from the colored boxes in order.

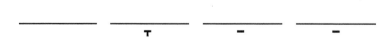

④   ③   ②   ①

_____ _____ _____ _____
          ָ   -   -

Use this word to score bonus points in the Keep Israel Green game in Lesson Four of the Quest for the Golden Kiddush Cup.

LESSON 5

שֶׁמֶשׁ

גֶּשֶׁם

What's New? → Gimel ג → ֶ ֱ

Vowels You Know

ָ ַ ֲ ֹ וֹ

Letters You Know

א בּ ד ה י ל מ/ם ע שׁ

Vowel Hint

A triangle of three dots under a Hebrew letter makes the sound of "Eh." This vowel looks like three little **E**ggs in a nest!

A set of five dots under a Hebrew letter also makes the sound of "Eh." This vowel looks like five little **E**ggs in a nest!

I Can Read Hebrew!

Read each of these Hebrew words out loud.

1. גַג דָג לֹג עָג גוֹד עוֹג
2. שָׁגַג דַאָג גָדֹל לָעַג דָגוֹ עָגֹל
3. גַם גָמָל גַל גָד אָגַד עָגַל
4. גָלַם לָגַם גָלַל לַהַג גָלַד גָאַל
5. אֲגַם דָגַל הַגָדוֹל בָּגַד גָמַד גָדוֹל

Sound Advice

The objects below have the same name in Hebrew and English. Cross out all the objects that do not begin with the new letter ג.

I Can Read Hebrew!

Read these Hebrew words and sentences out loud.

1. דֶגֶל שֶׁלֶג בֶּגֶד גֶלֶם שֶׁמֶשׁ אֶגֶד
2. מֶגֶד דֶגֶם יֶלֶד גֶשֶׁם אֶמֶשׁ שֶׁלֶד
3. אֹהֶל גֹדֶל גֹלֶם גֹדֶשׁ גֹמֶד אֹדֶם
4. אֶל אֶלָא שֶׁלֹא אֱיָל אֱיָלוֹ שֶׁלוֹ
5. אָדָם יֶלֶד גָדוֹל.
6. דָג גָדוֹל בַּיָם.
7. שֶׁלֶג בַּיָד שֶׁל אָדָם.
8. דֶגֶל גָדוֹל בַּיָד שֶׁל אַבָּא.

I Can Write Hebrew!

Write Gimel.

ג ג 1 2 ג ג

Write these new words.

גֶשֶׁם גֶשֶׁם גֶשֶׁם

שֶׁמֶשׁ שֶׁמֶשׁ שֶׁמֶשׁ

Help the Rain Get to Israel

Read these Hebrew words out loud. Draw a raindrop around each word that contains an "Eh" vowel.

אַל   אֶל   אֶגֶד   אָגַד   יֶשַׁע

שַׁמָשׁ   שֶׁמֶשׁ   יָגַע   דֶגֶל   דָגַל

בָּלַע   בֶּלַע   יֶלֶד   יָלַד   גָלַם

הָלַם   הֶלֶם   אָדֹם   אֹדֶם   אָדָם

How many drops did you draw? __________

Clue to the Quest 5

Israel in Bloom

The two new Hebrew words in this lesson are important to the Land of Israel. Both of them help the crops grow. Write the words.

____ ____ ____   ____ ____ ____

____ ____ ____   ____ ____ ____

Use the "wet" word to score bonus points in the Climber Caper game in Lesson Five of the Quest for the Golden Kiddush Cup.

LESSON 6

אִמָא

בִּימָה

What's New? ◌ִ ◌ִי

Vowels You Know

◌ָ ◌ַ ◌ֲ ◌ֹ וֹ ◌ֶ ◌ֱ

Letters You Know

א בּ ג ד ה י ל מ/ם ע שׁ

Letter-Vowel Hint

The Hebrew letter ה acts just like the English letter "H." When ה is followed by a vowel, it makes the sound of the "H" in "happy."

But ה is silent at the end of a word, like the "H" in "Sarah."

I Can Read Hebrew!

Read these Hebrew words out loud.

1. מַה בָּה לָמָה דַע לָה שֶׁלָה
2. מוֹדֶה בָּלֶה גוֹלֶה דוֹמֶה עוֹלֶה יָאֶה
3. מוֹדָה יַבָּשָׁה עֹלָה אֲדָמָה עֲגָלָה יָאָה

Letter-Vowel Hint

The Hebrew letter י acts just like the English letter "Y." When י is followed by a vowel, it makes the sound of the "Y" in "yes."

יָד

At any other time, י is part of the vowel, like "Y" in "key."

בִּימָה

I Can Read Hebrew!

Read these Hebrew words and sentences out loud.

1. עִם עַמִי עַמִים יָמִים אַלִים
2. אִמָה עֲמִילָה הֲלִימָה הַיוֹם אֱלִילִים
3. עִמִי עֲמָמִי יוֹמִי מִיוֹם אֱלִילִי
4. אִמָהִי עִמָדִי עוֹלָמִי מוֹשָׁעָה גוֹאֲלִי
5. הוֹמִיָה עֲמִידָה עוֹלָמִים הוֹשִׁיעָה אֱלֹהִים

Sound Bite ✓

Does the letter ה make a "H" sound or is it part of the vowel in the words below? Put a check in the correct column.

part of the vowel	makes a "H" sound	
		מַה .1
		הֲדָדִי .2
		יַבָּשָׁה .3
		אֹהֶל .4
		אֱלֹהִים .5

Does the letter י make a "Y" sound or is it part of the vowel in the words below? Put a check in the correct column.

part of the vowel	makes a "Y" sound	
		מִי .1
		יָד .2
		הַיֶּלֶד .3
		יַבָּשָׁה .4
		אֱלֹהִים .5

Odd Word Out

Two words in each line describe the picture on the left. Cross out the word that does not belong.

Hint: Pay attention to the meaning of the words.

1. יָד גֶשֶׁם שֶׁמֶשׁ

2. אַבָּא שָׁם אִמָּא

3. שַׁמָּשׁ יָד שֶׁמֶשׁ

4. יָד אָדֹם בִּימָה

5. גֶשֶׁם שֶׁמֶשׁ שָׁלוֹם

Going Up to the Bimah

Go up to the בִּימָה by reading the words on each step out loud. Cross out the word or words on each line that do not rhyme with the others.

שָׁעָה יָאֶה יָאָה 6
מִי מַה בִּי אִי הִיא לִי 5
גִילָה בִּלָה בָּלֶה מִילָה עִלָה 4
אִמָה מַעֲמָדִי בִּימָה אִמָא עֹלָמִים 3
אִישׁ אִשָׁה גִישָׁה לִישָׁה הִגִיד שִׁשָׁה 2
אִדָה בִּדָה דִדָה מִדָה מִיָד יַדַע שִׁדָה 1

Add up the number of rhyming words on these lines.

Line 1: __________

Line 2: __________

Line 3: __________

Line 5: __________

Total: __________

Use this number to score bonus points in the Super Water Ski game in Lesson Six of the Quest for the Golden Kiddush Cup.

LESSON 7

מִיץ

מַצָּה

What's New? TZadi צ Final TZadi ץ

Vowels You Know

ָ ַ ֲ ֹ וֹ ֵ ֶ ֱ

ִ ִי

Letters You Know

א בּ ב ג ד ה י ל מ/ם ע שׁ

I Can Read Hebrew!

Read these Hebrew words out loud.

1. צַד מִצַד צֶדַע צִידָה בָּצַע יָצָא
2. צַעַד מָצָא צֶמֶד דִיצָה בָּצָל יוֹצִיא
3. צָם מוֹצָא יָצָא צִדִי בֹּץ הוֹצָאָה
4. צָמָא יָמָה צַמָה צִבַּע בִּצָה הִצִילָה
5. צוֹם הַיוֹם עֲצוֹם צָעוֹד מָצוֹא צָלוֹל

I Can Read Hebrew!

Read these Hebrew words and sentences out loud.

1. צִיץ   בֹּץ   אָץ   מִיץ   מֹץ   יָעַץ
2. עָצִיץ   אֹמֶץ   גַהָץ   מָצַץ   עָצִיץ   דַעַץ
3. צָץ   אָמַץ   צֶדַע   מַצִיל   מוֹצִיא   יָצָא
4. הַצִיצָה   עֲצִימָה   הַצָגָה   מַאֲמָץ   מוֹעָצָה
5. אָדָם בַּהַצָגָה. גִילָה בַּהַצָגָה.
6. הַהַצָגָה עַל הַבָּמָה.

I Can Write Hebrew!

Write **TZ**adi.

צ צ צ צ

Write final **TZ**adi.

ץ ץ ץ ץ

Write these new words.

מַצָה מַצָה

מִיץ מִיץ

The "Write" Letter

You have learned two of the five Hebrew letters that change shape at the end of a word.

מ/ם

צ/ץ

Fill in the correct form of מ or ם.

Remember: Final letters are used only at the end of a word!

the first man = ______ אָדָ   ground = ה__ָ__אֲדָ

day = ____ יוֹ

Fill in the correct form of צ or ץ.

play = גָה ___ָ הַ   courage = ______ אֹמֶ

blossom = ______ ִי ______

Same Sound

In each square below, draw lines from the English sound to the matching Hebrew.

עָ		צַ
	AH	
אֲ		צָ

צ		ע
	TZ	
ץ		א

צֶ		עֶ
	EH	
אָ		אֱ

Sound Check

אָדָם and גִילָה went to a model seder in Hebrew school. During the seder they spilled one drop of מִיץ for each of the ten plagues. Connect each drop to its place in the cup by drawing lines between words that sound the same.

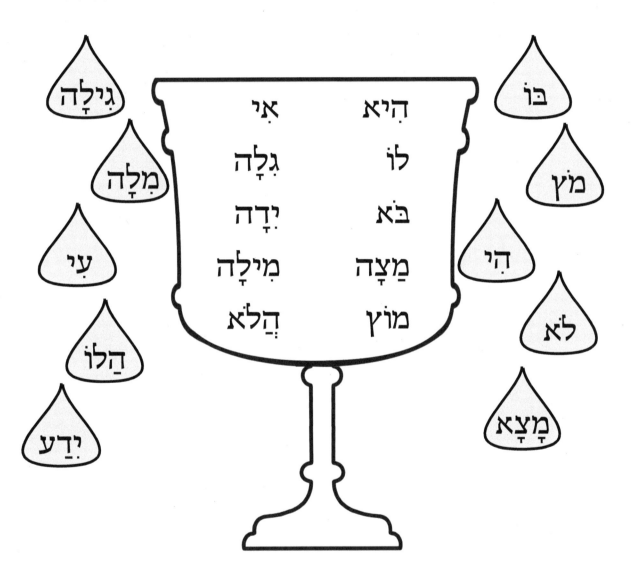

גִילָה
מִלָה
עִי
הֲלוֹ
יָדַע
הִיא
אִי
לוֹ
גִלָה
בֹּא
יָדָה
מַצָה
מִילָה
מוֹץ
הֲלֹא
בּוֹ
הִי
לֹא
מָצָא

אָדָם and גִּילָה are usually not allowed to read during dinner. But there is one book that everyone brings to the table. What is it?

Fill in the letters for each word. Then write the circled letters in the numbered spaces at the bottom of the page.

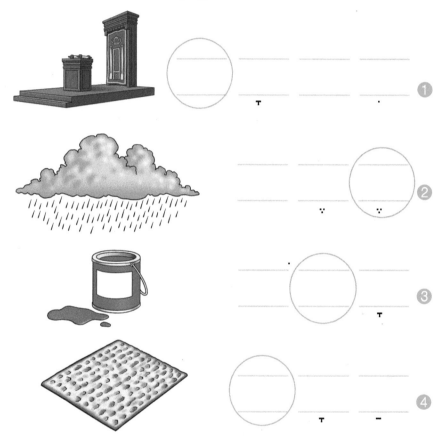

What book does everyone bring to the table?

Use this word to score bonus points in the Animal Antics game in Lesson Seven of the Quest for the Golden Kiddush Cup.

34

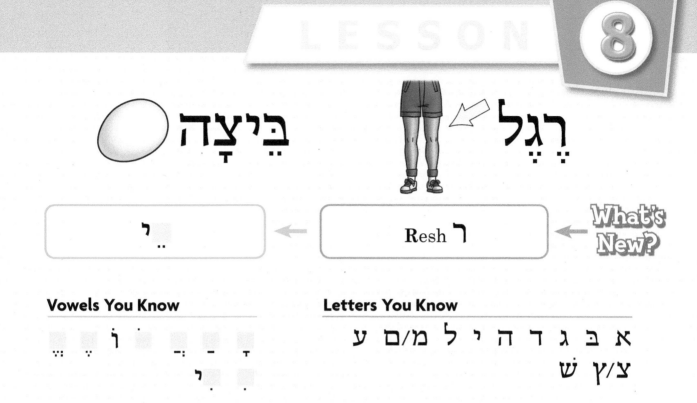

LESSON 8

בֵּיצָה

רֶגֶל

What's New?

Resh ר

ֵי

Vowels You Know

ָ ַ ֲ ֹ וֹ ֵ ֶ

ִ ִי

Letters You Know

א בּ ג ד ה י ל מ/ם ע

צ/ץ שׁ

Letter Hint

The new letter ר looks a lot like the back of your head. It is **R**ound on top.

When you see a Hebrew letter that is **R**ound on top, remember to say "**Rrrrrr.**"

I Can Read Hebrew!

Read each of these Hebrew words out loud.

1. צַבָּר גָהַר שָׁמַר יָשַׁר עֲצוֹר אֲדָר
2. רַבָּה רֹאשׁ רָמָה רַעל רֶגֶל גוֹרָל
3. בּוֹר אוֹר מֹר שׁוֹר צוֹר דוֹר
4. גִבּוֹר מָאוֹר שָׁמוֹר מִשׁוֹר לִיצוֹר מִדוֹר
5. בָּרֹד אֶרֶץ מָרוֹם שֶׁרֶץ מֶרֶץ דָרוֹם
6. מָהִיר אֲשֶׁר שָׁמִיר שַׁער הָדָר אַדִיר

What's in a Name?

The Hebrew *alef bet* comes from the first alphabet ever invented. These first letters were pictures of everyday items. The letters got their names from the words they pictured. For example, the letter י comes from the Hebrew word יָד . The letter ר comes from רֹאשׁ . The letter מ comes from מַיִם .

Finish the picture. Make the ר into a person's head.

ר

I Can Read Hebrew!

Read these Hebrew words and sentences out loud.

1. הָרֵי עַצֵי עָרֵי לִידֵי עֲדֵי רֹאשֵׁי
2. מוֹרֵי שִׁירֵי שַׁעֲרֵי אֱלֹהֵי מוֹעֲדֵי גִבּוֹרֵי
3. עֵיל בֵּיצָה רֵישָׁא מֵימִי אֵימָה אֵילֹם
4. לֵילוֹת הֵידָד רֵיאָלִי עֲלֵיהֶם מֵילָא גַלֵיאָה
5. רָמִי גָר בָּעִיר. רָמִי גָר בַּדִירָה.
6. שִׁירָה מוֹרָה. הִיא גָרָה בַּדִירָה.

I Can Write Hebrew!

Write **R**esh.

ר ר ר ר

Write these new words.

רֶגֶל רֶגֶל

בֵּיצָה בֵּיצָה

Picture This

Check the words that describe each picture.

אִמָּא ______
רֶגֶל ______
אַבָּא ______
יָד ______
שֶׁמֶשׁ ______
גֶּשֶׁם ______

אָדֹם ______
שַׁמָּשׁ ______
בֵּיצָה ______
מִיץ ______
מַצָּה ______
גֶּשֶׁם ______

שֶׁמֶשׁ ______
שַׁמָּשׁ ______
יָד ______
שָׁם ______
גֶּשֶׁם ______
שָׁלוֹם ______

Odd Letter Out

On each line circle the letter or vowel that makes a different sound from the one in the box.

בִּי	בִּ	בִּי	בִּ	בִּי	בֵּי	בִּ	בִּי	בִּ	בִּ .1
עָ	אַ	עַ	עֲ	אָ	אַ	עֲ	צָ	עָ	עַ .2
ר	ר	ר	ר	ה	ר	ר	ר	ר	ר .3

Clue to the Quest 8

Passover Preparations

Help אָדָם and גִּילָה prepare for the seder. Find the item that is missing from the seder plate by writing the letters and vowels you circled in the activity above.

③ ____ ② ____ ① ____

Use this word to score bonus points in the Ruin Quest game in Lesson Eight of the Quest for the Golden Kiddush Cup.

LESSON 9

תּוֹרָה

טַלִּית

Vowels You Know

◌ָ ◌ַ ◌ֲ ◌ֹ וֹ ◌ֶ ◌ֱ

◌ִ ◌ִי ◌ֵ ◌ֵי

Letters You Know

א בּ ג ד ה י ל מ/ם ע

צ/ץ ר שׁ

Letter Hint

The new letter ט is open on Top.

The new letter תּ or ת looks like it has a Toe.

When you see a תּ, a ת, or a ט, remember to say "T."

I Can Read Hebrew!

Read each of these Hebrew words out loud.

1. אַט לוֹט שַׁבָּת הוֹדוֹת שָׁתַת
2. שָׁעוֹת עֲלִיוֹת שַׁבָּתוֹת תּוֹלָדוֹת תּוֹצָאוֹת
3. עִלִית הִבִּיט שִׁיטָתִי גָתִי טַלִיתוֹת
4. אֶתֶר בֶּתֶר רֶשֶׁת דֶלֶת יֶתֶר
5. תּוֹעֶלֶת שִׁבֹּלֶת בּוֹלֶשֶׁת דַבֶּשֶׁת טַבַּעַת

I Can Write Hebrew!

Write Tet.

ט ט ט ט

Write both forms of Tav.

תּ ת תּ תּ ת

Write these new words.

טַלִית טַלִית

תּוֹרָה תּוֹרָה

Super Reading Secret #2

Blend words into smooth phrases and sentences.

Read these words out loud.

1. טַל דוֹרוֹת תָּמָר עֹלַת מַעֲלוֹת
2. בֵּיתִי עִתּוֹ תּוֹרָתִי אֱמוֹרִי תּוֹרָתוֹ
3. אַתָּה בָּרָאתָ עָתִיד תָּמִיד רָצִיתָ
4. טֶרֶם שַׁבָּתוֹת עֲטֶרֶת בַּצִיצִית הוֹדָאוֹת

Blend these words into smooth phrases.

הַיָּד + עַל + הַתּוֹרָה = הַיָּד עַל הַתּוֹרָה.

צִיצִית + עַל + הַטַלִית = צִיצִית עַל הַטַלִית

Now read these phrases smoothly.

1. הַיָּד עַל הַטַלִית
2. הַטַלִית עַל הַתּוֹרָה
3. הַטַבַּעַת שֶׁל אִמָּא
4. הַטַלִית שֶׁל אַבָּא

Colors Galore!

Color in blue all of the words that have the "ay" vowel.

Red = "eh"

Green = "ee"

Orange = "oh"

Leave white all of the words that have the "**ah**" vowel.

אוֹת	אַתָּה	אֱמֶת	עֵיל	לֵית	עֵיט	עִלִי	בָּה	בֵּי
מֹר	מָטָר	מֶתֶג	מָעַל	עַם	שַׁבָּת	בִּישׁ	בַּת	בֵּית
הוֹד	בָּלַט	תֶּלֶם	תַּעַר	תָּמָר	מָר	מִי	מַה	מֵי
יוֹם	הָמַם	יֶתֶר	יָתַר	מָעַט	טָעַם	הִיא	תָּם	הֵי
בֹּץ	יָעַץ	אֶרֶץ	אֲדָר	טָרַד	טַל	טִיל	אֲגַם	אֵיד
דוֹר	דָגַר	דֶרֶשׁ	דָרַשׁ	תָּלַשׁ	לָטַשׁ	מִיץ	מָט	טֵית
צוֹם	צַלָם	צֶלֶם	עָטָה	שָׁמַט	צָמָא	צִדִי	בַּעַת	בֵּיצֵי

Bonus question: Can you tell what this object is?

Write the word in Hebrew. ____________________

Hint: It is a key word in this chapter.

Rhyme Time

Circle the two words on each line that rhyme.

1. אָטוֹם אוֹתָם יָתוֹם טָעִים
2. טַלִית שֶׁלֶט תָּמִיד שַׁלִיט
3. דֶגֶל דֶלֶת תֶּלֶם מֶלֶט
4. מַעֲטֶה מַטָּרָה עֲתִידָה עֲטָרָה

Clue to the Quest 9

Reading Riddle

Fill in the letters for each word.

I come with some strings attached. They remind you of the 613 commandments in the Torah. What am I? Write the circled letters in the numbered spaces below to solve the riddle. Do not include vowels or dots!

4 3 2 1

Use this word to score bonus points in the Keep Israel Green game in Lesson Nine of the Quest for the Golden Kiddush Cup.

LESSON 10

מִצְוָה

הַבְדָלָה

What's New? Vav ו Vet ב

◌ְ

Vowels You Know

◌ָ ◌ַ ◌ֲ ◌ֹ וֹ ◌ֶ ◌ֱ

◌ִ ◌ִי ◌ֵי

Letters You Know

א בּ ג ד ה ט י ל מ/ם

ע צ/ץ ר שׁ תּ/ת

Vowel Hint

When the new vowel ◌ְ comes in the middle of a word, it usually makes no sound. It stops the syllable: הַבְדָלָה

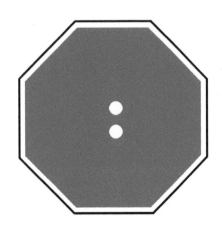

Build the Hebrew Words

Each of these lines contains one Hebrew word written three ways. Read each line to learn how the ְ works.

1. אֶת רוֹג אֶתרוֹג אֶתְרוֹג
2. אַשׁ רֵי אַשׁרֵי אַשְׁרֵי
3. תַּל מִיד תַּלמִיד תַּלְמִיד
4. שַׁל וָה שַׁלוָה שַׁלְוָה
5. עִב רִית עִברִית עִבְרִית
6. תּוֹל דוֹת תּוֹלדוֹת תּוֹלְדוֹת
7. מִצ וָה מִצוָה מִצְוָה
8. הַב דָלָה הַבדָלָה הַבְדָלָה

Super Reading Secret #3

The Hebrew "stop sign" shows where some syllables end. Circle the syllables in the words below.

Remember: Hebrew syllables can have only one vowel that makes a sound!

מִדְרָשׁ מִדְרָשָׁה מֶמְשָׁלָה מֶמְשַׁלְתִּי אַמְבַּטְיָה

I Can Read Hebrew!

Read these Hebrew words and sentences out loud.

1. אַב   יָשַׁב   רַב   מוֹשָׁב   שָׁוְא
2. אֲבָל   דָוִד   דָבָר   צִוָה   טוֹבָה
3. וָו   וָאדִי   וֶרֶד   וַעַד   וָעֶד
4. אָבִיב   מַשִׁיב   אָדִיב   מַעֲרִיב   הֵיטִיב
5. אָבוֹת   מָוֶת   אַבְרָהָם   עַוְלָתָה   שַׁוְעָתָם
6. דָוִד יֶלֶד. דָוִד תַּלְמִיד. אַתְּ תַּלְמִידָה.

I Can Write Hebrew!

Write Vet.

ב ב ב ב

Write Vav.

ו ו ו ו

Write these new words.

הַבְדָלָה הַבְדָלָה

מִצְוָה מִצְוָה

Sound Check

Read each line aloud, then cross out the word that sounds different.

1. דָבָר דָוִד דַוָר
2. אָבַד אַרְבֶּה עָבַד
3. עִבְרִית עֲבִירָה אֲוִירָה
4. אַרְבַּע עֲוִית עָבִיט
5. עָבַד עָבִיר אֲוִיר
6. אַתָּה אַתְּ עָטָה
7. עָבוֹט אָבוֹת עֲתֶרֶת
8. מִטָה טָעָה מִיתָה

Starry Night

הַבְדָלָה takes place on Saturday evening when three stars are visible in the night sky. On each line, draw stars around the letters that are the same as the one in the box.

ב	בּ	בּ	בּ	ב	בּ	בּ	בּ	ב	ב .1
מ	מ	ט	מ	מ	ט	מ	ט	מ	ט .2
ג	ו	ג	ר	ד	ו	ד	ו	ר	ו .3

Braid the Havdalah Candle

Connect the syllables to make Hebrew words that sound similar in English.

אַלְ	רָהָם
אֶתְ	יוֹ
רַדְ	רוֹג
אַבְ	בּוֹם

Clue to the Quest 10

Reading Riddle

Fill in the letters for each word below. Write the circled letters in the numbered spaces at the bottom of the page to solve the riddle of the hidden afikoman. Do not include vowels!

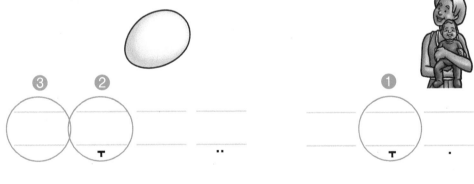

3 2 1

Use this word to score bonus points in the Climber Caper game in Lesson Ten of the Quest for the Golden Kiddush Cup.

LESSON 11

סַבְתָּא

סַבָּא

יִשְׂרָאֵל

What's New?

Sin שׂ Samech ס

◌ֵ

Letters You Know

א בּ/ב ג ד ה ו ט י ל
מ/ם ע צ/ץ ר שׁ תּ/ת

Vowels You Know

◌ָ ◌ַ ◌ֲ ◌ֹ וֹ ◌ֶ ◌ֱ
◌ִ ◌ִי ◌ֵי ◌ְ

Vowel Hint

Outside of Israel the vowel ◌ֵ is usually pronounced "ay" as in "day."

In Israel ◌ֵ is usually pronounced "eh" as in "egg."

How is ◌ֵ read in your community? ______________________

I Can Read Hebrew!

Read these Hebrew words and sentences out loud.

1. לֵב לֵוִי עֵץ עֵצִי שֵׁם שֵׁמִי
2. יוֹבֵל מִלֵל עָצֵל גוֹלֵל אָשֵׁם שׁוֹמֵם
3. צִלְצֵל מִלְמֵל צִמְצֵם גִרְגֵר רִשְׁרֵשׁ מִשְׁמֵשׁ
4. אָדָם לוֹמֵד עִבְרִית. גִילָה לוֹמֶדֶת עִבְרִית.
5. הֵם אוֹהֲבִים לִלְמוֹד עִבְרִית.
6. סַבָּא אוֹמֵר: "גִילָה יַלְדָה טוֹבָה, וְאָדָם יֶלֶד טוֹב."

The "Write" Letter

The objects below are called the same thing in Hebrew and English. Write the Hebrew letter that begins each word.

Letter Box

ר י ו ד

I Can Read Hebrew!

Read these Hebrew words out loud.

1. שָׂרָה שִׂמְלָה סוֹד סֵוג שָׂבַע סוֹב
2. רָמַס מַס הֲדַס גִיס אָרִיס טַוָס
3. רֶמֶשׂ מַעַשׂ הִדֵס גִיֵס עֶרֶשׂ תִּירָס
4. מָסוֹרָה מַשָׂא הֵסִיט הֵשִׂיג עֵשֶׂב הֲטָסָה

I Can Write Hebrew!

Write Samech.

ס

Write Sin.

שׂ

Write these new words.

סַבָּא

סַבְתָּא

יִשְׂרָאֵל

Clue to the Quest 11

Help with the Harvest

When סַבָּא and סַבְתָּא were in יִשְׂרָאֵל they lived on a farm that grew oranges. Help סַבָּא and סַבְתָּא harvest the ripe oranges. Circle the words that have a "V" sound.

How many words did you circle? __________

Use this number to score bonus points in the Super Water Ski game in Lesson Eleven of the Quest for the Golden Kiddush Cup.

LESSON 12

קִדּוּשׁ

סֻכָּה

What's New?

כּ Kaf   ק Koof

ֻ וּ

Letters You Know

א בּ/ב ג ד ה ו ט י ל

מ/ם ס ע צ/ץ ר שׁ/שׂ תּ/ת

Vowels You Know

ָ ַ ֲ ַ ֹ וֹ ֶ ֱ ֵ

ִ ִי ֵ ֵי ְ

Hidden Picture

Color in blue all the letters that make the sound "S." Leave white all the letters that make any other sound.

ס	מ	שׁ	ם	מ	ם	מ	ם	מ	ם	שׁ	ם
שׁ	שׂ	מ	ס	שׁ	שׂ	שׁ	ס	שׂ	ס	שׂ	ס
ם	ס	ם	שׂ	שׁ	שׂ	ם	שׁ	שׂ	שׁ	שׁ	שׂ
שׁ	שׂ	שׁ	ס	מ	ס	שׁ	ם	ס	ם	ם	ס
מ	שׂ	ס	שׂ	ס	שׂ	ם	שׁ	שׂ	שׁ	ס	ם

Which two Hebrew letters make the "S" sound? ________ and ________

I Can Read Hebrew!

Read these Hebrew words out loud.

1. וָתִיק סֶלֶק צֶדֶק שׁוּק דַבֵּק מָרָק
2. קֶרֶב כִּסֵא קֶצֶב כָּשֵׁר קֹדֶשׁ קֶרֶם
3. כָּרוֹת כִּסְלֵו כָּבוֹד כַּאֲשֶׁר קָדוֹשׁ קָרוֹב
4. בֹּקֶר מִקְרָא צִדְקוֹ שֶׁקֶר מִקְדָשׁ מָקוֹם
5. תִּקְוָה לִקְרַאת צַדִיקִים יִתְקַדֵשׁ מַקְדִישִׁים

Sound Check

Draw lines between the words that sound the same.

עָדַר	שַׂר
קַד	אֲדָר
אֶרֶס	עֶרֶשׂ
סָר	כַּד
הַכֹּל	סַגִּי
שַׂגִּיא	הַקוֹל

Vowel Hint

Here's a good way to remember the sound of the new vowels.

The end of a train is called a cabOOse. When you see a Hebrew vowel that looks like a little train, remember to say "OO".

I Can Read Hebrew!

Read these Hebrew words and sentences out loud.

1. עָשׂוּ הוֹדוּ רֵעֵהוּ אִמְרוּ תָּמוּ
2. יָמוּשׁ דִּבּוּר עֲבוּר אָהוּב כָּתוּב
3. סֻלָּם דֻּבָּה גֻּלָּה מֻשָּׂא כֻּלָּה
4. מֻשְׁלָם דֻּגְמָה אֲגֻדָּה מֻסְוָה סֻכָּה
5. אָסוּר הִדְלִיקוּ גִּלּוּל הָאֲמוּרָה יִקְרָאֻהוּ
6. אָדָם וְגִילָה לוֹמְדִים בַּכִּתָּה.
7. אָדָם קוֹרֵא עִבְרִית. גִּילָה קוֹרֵאת עִבְרִית.

I Can Write Hebrew!

Write **K**af.

כּ כּ כּ כּ

Write **K**oof.

ק ק ק ק

Write these new words.

סֻכָּה סֻכָּה

קָדוֹשׁ קָדוֹשׁ

Decorate the Sukkah

On each fruit in the sukkah, write the letter that sounds the same. Choose the sound-alike letters from the letter bank below.

Letter Bank

ט צ א ק ב ס ם

Odd Letter Out

On each line, circle the letter that does not make the sound of the letter in the box.

ת	תּ	ט	ט	ת	ה	תּ	ט	ת	T .1
ו	ב	ו	י	ו	ו	ו	ב	ו	V .2
ר	ר	ר	ר	ר	ר	ר	ד	ר	R .3
הַ	אַ	ָה	עָ	עֲ	אַ	אָ	עַ	ָה	AH .4
ד	ד	ד	ר	ד	ד	ד	ד	ד	D .5
וּ	עֻ	אֻ	וּ	וּ	אֹ	אֻ	עֻ	וּ	OO .6
ס	שׂ	שׂ	שׂ	ס	שׂ	שׂ	ס	ס	S .7

Clue to the Quest 12

Reading Riddle

Write the circled letters in the numbered spaces. Do not include vowels!

⑦ ⑥ ⑤ ④ ③ ② ①

Use the first word to score bonus points in the Animal Antics game in Lesson Twelve of the Quest for the Golden Kiddush Cup.

הַלְלוּיָה

מְזוּזָה

What's New? → Zayin ז

Vowels You Know

◌ָ ◌ַ ◌ֲ ◌ֹ וֹ ◌ֶ ◌ֱ

◌ִ ◌ִי ◌ֵי ◌ְ ◌ֵ ◌ֻ וּ

Letters You Know

א בּ/ב ג ד ה ו ט י כּ ל

מ/ם ס ע צ/ץ ק ר שׁ/שׂ

תּ/ת

Vowel Hint

When ◌ְ comes under the first letter of a word it makes the shortest vowel sound possible (like "a" in "alone"): מְאֹד

When you see ◌ְ under the first letter of a word, remember that it makes a very short vowel sound.

When there are two of the same Hebrew letter in the middle of a word and ◌ְ is under the first one, ◌ְ makes the short sound (like "a" in "alone").

הַלְלוּיָה רוֹמְמוּ

I Can Read Hebrew!

Read these Hebrew words out loud.

1. גְדָל שְׁמוֹ דְבַר יְקַר כְּמוֹ
2. רְצֵה כְּבוֹד דְבַשׁ קְהַל מְאֹד
3. גְאֻלָה מְשַׁלֵם יְרֻשָׁה יְהוּדָה מְקַדֵם
4. לְהַגִיד מְרוֹמִים לְהַדְלִיק מְאוֹרוֹת קְדוֹשִׁים
5. גְדוֹלָה קְשַׁרְתָּם תְּרוּעָה תְּקִיעָה שְׁבָרִים
6. הַלְלוּ טַלְלֵי רוֹמְמוּ הַלְלוּיָה הַלְלוּהוּ

It's a Match

On each line circle all the Hebrew syllables that make the sound of the English syllable in the box.

זוּ	זֻ	זֶ	וֻ	זוֹ	זוּ	וֶ	יוֹ	וֻ	זֻ	Zoo
שׂוֹ	שׁוֹ	טוֹ	ם	סוּ	שׂוּ	שׁוֹ	סֹ	ם	טֹ	So
ווֹ	וֻ	זוּ	בוֹ	כּוּ	זֻ	בוּ	וֻ	בּוּ	כּוֹ	Vo
בֹּ	כֻּ	קוּ	בוּ	כֹּ	כֻּ	בּוֹ	קוּ	בּוּ	כּוּ	Coo
סוּ	טֻ	שׂוּ	סוּ	שׁוֹ	סֻ	טוּ	שֻׁ	שׂוּ	סוֹ	Sue

I Can Read Hebrew!

Read these Hebrew words and sentences out loud.

1. מֵאָז מֶרְכָּז עֹז אֶרֶז רֶמֶז אֱגוֹז
2. זֶה זַמֵר זֶרַע זֹאת זִיו זְאֵבָה
3. עוֹזֵר אֶזְכֹּר עֻזוֹ זוּלָתוֹ יִזְכּוֹר מִזְמוֹר
4. עֶזְרִי אֲזַמְרָה מְזוּזָה מְזֻזוֹת יַעַלֹזוּ אֲרָזִים
5. זְאֵבִי הַכֶּלֶב שֶׁל אָדָם וְגִילָה.
6. אָדָם אוֹהֵב אֶת זְאֵבִי. גִילָה אוֹהֶבֶת אֶת זְאֵבִי.

Sound Advice

The objects below have the same name in Hebrew and English. Cross out all the objects that do not begin with the letter ז.

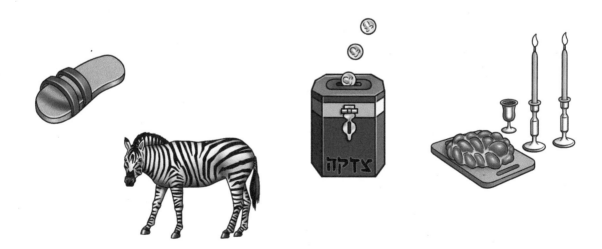

I Can Write Hebrew!

Write **Z**ayin.

ז ז ז ז

Write these new words.

מְזוּזָה מְזוּזָה

הַלְלוּיָה הַלְלוּיָה

Rhyme Time

On each line circle the words that rhyme.

1. זִיבָה קִוָה כָּזֶה
2. בָּזָק בְּבַת עָזַק
3. גַזָז זוּז לוּז
4. אַוָז עֹז בַּרְוָז
5. מַזָל גָזַל עָצֵל
6. מְזוּזָה מַעֲטֶה גְבוּרָה

Stop and Go

Read the Hebrew words below. Write each word in the correct column. Be sure to write them in the order they appear in the list.

מִדְבָּר

צְבִי

מִצְוָה

יְדִיד

בְּצֵקִי

הִבְזִיק

יַדְעוּת

מְצַוֶּה

STOP

This ְ makes no vowel sound.

5. ____________

6. ____________

7. ____________

8. ____________

GO

This ְ makes a short vowel sound.

1. ____________

2. ____________

3. ____________

4. ____________

Clue to the Quest 13: Crack the Code

This Hebrew word means doing the right thing for others. To find the word, use the puzzle above. Write the first letter from number 1, the second letter from number 2, the third letter from number 3, and the fourth letter from number 4 in the spaces below. Use this word to score bonus points in the Ruin Quest game in Lesson Thirteen of the Quest for the Golden Kiddush Cup.

4 ____ 3 ____ 2 ____ 1 ____

הַמּוֹצִיא

בְּרָכָה

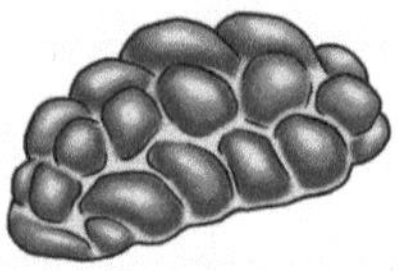

חַלָּה

מֶלֶךְ

What's New?

Final **CH**af ך   **CH**af כ   **CH**et ח

Vowels You Know

◌ָ ◌ַ ◌ֲ ◌ֹ וֹ ◌ֶ ◌ֱ

◌ִ ◌ִי ◌ֵי ◌ְ ◌ֵ ◌ֻ וּ

Letters You Know

א בּ/ב ג ד ה ו ז ט י כּ

ל מ/ם ס ע צ/ץ ק ר שׁ/שׂ

תּ/ת

Letter-Vowel Hint

The ך is the only final letter that is always followed by a vowel:

ךָ or ךְ

I Can Read Hebrew!

Read these Hebrew words and sentences out loud.

1. חוּסָה חֻקִים חַלָה חָזָק חֲכָמִים
2. סְלַח לָךְ מֶלֶךְ בָּךְ דֶרֶךְ
3. שִׂמְחָה לְךָ כָּמֹכָה בְּךָ אָבִיךָ
4. סְלִיחוֹת לְכָה כָּמוֹךָ בְּרָכָה מַחֲשָׁבוֹת
5. כּוֹכָבִים לְכוּ הִמְלִיכוּ בָּרוּךְ רַחֲמִים
6. אָדָם כּוֹתֵב בַּמַחְבֶּרֶת. גִּילָה כּוֹתֶבֶת עִבְרִית.

Sound Advice

The objects below have the same name in Hebrew and English. Circle all the objects that begin with the new letter ח.

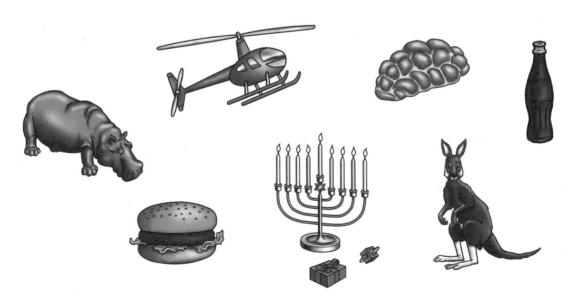

I Can Write Hebrew!

Write **CHet**.

ח ח ח ח

Write **CHaf**.

כ כ כ כ

Write final **CHaf**.

ךְ ךְ ךְ ךְ

Write these new words.

חַלָּה חַלָּה

בְּרָכָה בְּרָכָה

מֶלֶךְ מֶלֶךְ

The "Write" Letter

You have learned three of the five Hebrew letters that change shape at the end of a word. Fill in the correct form of כ or ךְ below.

food = אֹ ___ֶ ל

road or path = דֶּרֶ ___

first word of a blessing = בָּרוּ ___

soft = רַ ___

kingdom = מַלְ ___וּת

Jewish Law = הֲלָ ___ָ ה

Sound Check

Draw lines between the words that sound the same in each row.

זַךְ שָׂח מָלַח כָּךְ שִׂיחָה

סָךְ זַח קָח סִיכָה מָלַךְ

Clue to the Quest 14

Reading Riddle

Write each word.

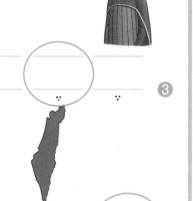

2 1

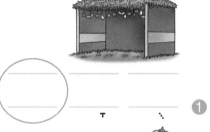

4 3

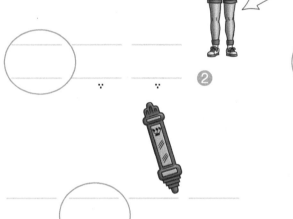

6 5

Write the circled letters to find a word that praises God.

6 5 4 3 2 1

Use this word to score bonus points in the Keep Israel Green game in Lesson Fourteen of the Quest for the Golden Kiddush Cup.

LESSON 15

מִשְׁפָּחָה

חַי

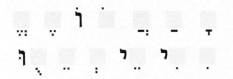

What's New?

Pay פּ

ַי

Vowels You Know

ָ ַ ֲ ֹ וֹ ֶ ֱ

ִ ִי ֵ ֵי ְ ֻ וּ

Letters You Know

א בּ/ב ג ד ה ו ז ח ט י

כּ/כ/ך ל מ/ם ס ע צ/ץ ק

ר שׁ/שׂ תּ/ת

Vowel Hint

When the ַ or ָ vowel is followed by a י, it makes the sound of "eye."

When you see ַי or ָי, remember to say "eye."

I Can Read Hebrew!

Read these Hebrew words out loud.

1. פֶּלֶא   פּוֹעֵל   פַּחַד   פּוֹחֵז   פָּשׁוּט

2. פַּרְעֹה   פֹּעֲלֵי   פְּתַח   פֶּסַח   פִּלְפּוּל

3. כַּפֵּר   אַפּוֹ   חֻפַּשׁ   תַּפּוּז   רְפָה

4. כִּפָּה   טִפָּה   חֻפָּה   מִסְפָּר   כִּפּוּר

5. מִתְפַּלֵּל   יִפְּלוּ   הַפּוֹרֵשׁ   מִשְׁפָּחָה   כִּפּוּרִים

The "Write" Letter

The objects below have the same name in Hebrew and English. Circle the Hebrew letter that begins each word.

ת ח ה   ת ח ה   ת ח ה   ת ח ה   ת ח ה

I Can Read Hebrew!

Read these Hebrew words and sentences out loud.

1. חַי דַי אֵלַי שַׁי רַגְלַי
2. חַיַי יָדַי מָתַי יִשַׁי רַבּוֹתַי
3. חַיָה טַיָל עַיִט הַיוֹם בַּיִת
4. לְהַחֲיוֹת הָיְתָה עָלַיִךְ הָיִיתִי רַגְלַיִךְ
5. חַיִים יָדַיִם מַיִם שָׁמַיִם רַגְלַיִם
6. פַּעֲמַיִם אַלְפַּיִם מִצְרַיִם כַּפַּיִם יְרוּשָׁלַיִם
7. חָתוּל בַּבַּיִת. כֶּלֶב בַּבַּיִת.
8. אַבָּא לֹא בַּבַּיִת. אִמָּא לֹא בַּבַּיִת.

I Can Write Hebrew!

Write **P**ay.

פּ פּ פּ פּ

Write these new words.

מִשְׁפָּחָה מִשְׁפָּחָה

חַי חַי

Super Reading Secret #4

Many Hebrew letters and vowels look alike. We need to pay close attention to every letter and every vowel when we read Hebrew.

Color in blue every box that has a word containing the "eye" sound.

מוֹעֲדַי	דְבָרַי	קוֹלִי	עָלַי	טוּרַי	חַי
מוֹעֲדֵי	אֵימָתַי	אֱלֹהֵי	אֱלֹהַי	יָדֵי	יָדַי
עַל-יְדֵי	שִׁירֵי	אוּלַמִי	מְשָׂגַי	דוֹדִי	מָתַי
צוּרִי	עַזֵי	עַמִי	גְבִרוֹתַי	גֹאֲלִי	אֲבוֹתַי

Clue to the Quest 15 — The "Write" Word

Write the Hebrew word you revealed in the activity above. ____ ____

Put a check next to every object below that it describes.

חַלָה ______ זֶבְרָה ______ הִפּוֹ ______

הַבְדָלָה ______ מֶלֶךְ ______ סֻכָּה ______

Use this word to score bonus points in the Animal Antics game in Lesson Fifteen of the Quest for the Golden Kiddush Cup.

LESSON 16

נֵר

יַיִן

What's New?

Nun נ   Final Nun ן

ֶיךָ

Letters You Know

א בּ/ב ג ד ה ו ז ח ט י
כּ/כ/ך ל מ/ם ס ע פּ צ/ץ
ק ר שׁ/שׂ תּ/ת

Vowels You Know

ָ ַ ֲ ֹ וֹ ֶ ֱ
ִ ִי ֵי ְ ֵ ֻ וּ
ַי

I Can Read Hebrew!

Read these Hebrew words out loud.

1. פֵּן יַיִן מָזוֹן קֶרֶן רָצוֹן
2. חֵן צִיוֹן פִּזְמוֹן פֶּרְקָן שָׂשׂוֹן
3. נֵר נִסִים נְסַפֵּר נְבִיאִים נִזָכֵר
4. נָטַע נֵלְכָה נֵצַח נַחֲלָה נִשְׂמַח
5. חֲנֻכָּה הַמוֹנָם פָּנַי עֲנָוִים חַשְׁמוֹנַי
6. אֲנַחְנוּ אָבִינוּ פִּינוּ יִתְעַנְגוּ יְרַנְנוּ

Super Reading Secret #5

יְיָ = אֲדֹנָי

The Hebrew word יְיָ is a short form of God's name. It is pronounced like אֲדֹנָי. Super Hebrew readers remember to say אֲדֹנָי whenever they see the word יְיָ.

Sound Off

On each line, circle the letter that makes the same sound as the one in the box.

ט	נ	ט	ט	מ	נ	ס	ס	ט	M ❶
שׁ	שׁ	ם	שׁ	ס	ם	ט	שׁ	ס	SH ❷
בּ	כּ	ט	פּ	בּ	כּ	בּ	כּ	ט	P ❸
ת	ה	ח	ה	כּ	ת	ק	ה	ת	CH ❹
ח	ה	ת	א	ע	כ	ח	תּ	ת	H ❺

Write the circled letters in the spaces below to find a word that you know. Circle the picture that the word describes.

❺ ___ ❹ ___ ❸ ___ ❷ ___ ❶ ___

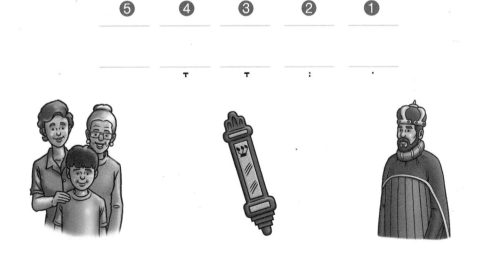

Vowel Hint

◌ֶיךָ = ◌ֶךָ

At the end of a word, ◌ֶיךָ makes the same sound as ◌ֶךָ.

I Can Read Hebrew!

Read these Hebrew words and sentences out loud.

1. פָּנֶיךָ אוֹדֶךָ אֵלֶיךָ מַעֲשֶׂיךָ חֻקֶיךָ
2. יָדֶיךָ טוֹבוֹתֶיךָ חֲסָדֶיךָ עֵינֶיךָ אֱמוּנָתֶךָ
3. דְרָכֶיךָ דְרָכֶיהָ תֶּחֱזֶינָה נְתִיבוֹתֶיהָ בְּבָנֶיהָ
4. הָרַב בְּבֵית-כְּנֶסֶת. חַזָּן בְּבֵית-כְּנֶסֶת.
5. אַבָּא וְאִמָּא, אָדָם וְגִילָה בְּבֵית-כְּנֶסֶת.

Odd Letter Out

On each line, circle the letter that does not make the sound of the letter in the box.

1. G	ג	נ	ג	ג	ג	ג	ג	ג	ג
2. N	ן	נ	נ	ן	ו	ן	נ	נ	ן
3. CH	ח	כ	ךְ	כ	ח	ה	כ	ךְ	ח
4. K	כּ	כּ	ק	ק	כּ	פּ	כּ	ק	ק

I Can Write Hebrew!

Write **Nun**.

נ נ נ נ

Write final **Nun**.

ן ן ן ן

Write these new words.

נֵר נֵר

יַיִן יַיִן

The "Write" Letter

You have now learned four of the five letters that change shape at the end of a word. Fill in the correct form of נ or ן.

Remember: Final letters are used only at the end of a word!

I (am) = אֲ ___ י　　miracle = ___ ס

Yes = כֵּ ___　　face = פְּ ___ ים

snake = ___ חָשׁ　　the Merciful One (God) = הָרַחֲמָ ___

Picture This

Check the words that describe each picture.

אִמָּא ______

סַבָּא ______

סַבְתָּא ______

מִשְׁפָּחָה ______

הַבְדָּלָה ______

מְזוּזָה ______

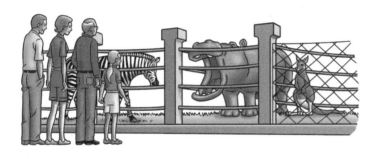

חַי ______

מִשְׁפָּחָה ______

קֶנְגוּרוּ ______

בֵּיצָה ______

הַלְלוּיָה ______

הִפּוֹ ______

מֶלֶךְ ______

קִדּוּשׁ ______

בְּרָכָה ______

חַלָּה ______

נֵר ______

סֻכָּה ______

What am I?

Some people say that I'm a good deed.

Others say "commandment" is what you should read.

For this puzzle, as you can see,

These Hebrew words are examples of me.

Fill in the crossword down below,

And my "Hebrew name" will surely show!

Complete this puzzle in Hebrew. Do not write vowels under the letters!

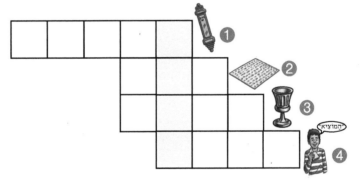

What is either a good deed or a commandment?

Use this word to score bonus pints in the Super Water Ski game in Lesson Sixteen of the Quest for the Golden Kiddush Cup.

LESSON 17

מִצְוֹת

חַג שָׂמֵחַ

What's New?

חַ = ַח

ְוֹ = ְוו

Vowels You Know

ָ ַ ֲ ֹ וֹ ֶ ֱ

ְ ִי ִ ֵי ֵ ֻ וּ

ַי ֶי יךָ

Letters You Know

א בּ/ב ג ד ה ו ז ח ט י

כּ/כ/ך ל מ/ם נ/ן ס ע פּ

צ/ץ ק ר שׁ/שׂ תּ/ת

Letter-Vowel Hint

At the end of a word, חַ sounds like ַח : שָׂמֵחַ

When וֹ follows ְ or any other vowel, it is pronounced as וו: מִצְוֹת

I Can Read Hebrew!

Read these Hebrew words and sentences out loud.

1. שָׂמֵחַ פּוֹקֵחַ נוֹבֵחַ מִזְבֵּחַ בְּרֵכָה
2. לוּחַ תַּפּוּחַ לָנוּחַ רוּחַ אֲרוּחָה
3. שָׁלִיחַ אֲבַטִּיחַ לְהָנִיחַ מַצְמִיחַ סְלִיחָה
4. מֹחַ לִסְלוֹחַ נוֹחַ מִשְׁלוֹחַ אוֹרְחָה
5. יוֹדֵעַ יָדוּעַ שָׁבוּעַ שָׁמֹעַ יְהוֹשֻׁעַ
6. שׁוֹמֵעַ רָקִיעַ מוֹשִׁיעַ מַשְׂבִּיעַ לְהוֹשִׁיעַ
7. מִצְוֹת מִצְוֹתַי מִצְוֹתֶיךָ עָוֹן עֲוֹנוֹת
8. הַכֶּלֶב בַּבַּיִת. הוּא תַּחַת הַשֻּׁלְחָן.
9. חָתוּל בַּבַּיִת. הוּא עַל הַכִּסֵּא.

I Can Write Hebrew!

Write these new words.

מִצְוֹת מִצְוֹת

חַג שָׂמֵחַ חַג שָׂמֵחַ

Rock, Paper, Scissors

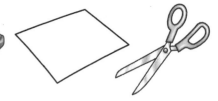

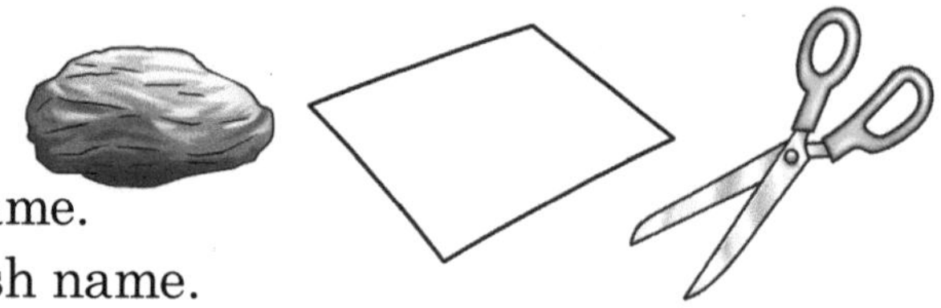

Play this popular Hebrew counting game.
You may already know it by its English name.

אֶבֶן נְיָר מִסְפָּרַיִם–

מִי מְנַצֵּחַ מִן הַשְּׁנַיִם?

אַחַת, שְׁתַּיִם, שָׁלוֹשׁ!

Sound Check

How does each word below end, with a "**cha**" or an "**ach**"? Put a ✓ in the correct column.

ends with a "**cha**"	ends with an "**ach**"	
		1. שֶׁלְךָ
		2. שֶׁלָךְ
		3. אוֹרֵחַ
		4. מַדְרִיכָה
		5. כִּנְאֶמֶיךָ
		6. נָשִׂיחַ

Super Reading Secret #6

Remember that Hebrew syllables can have only one vowel.
When וֹ follows ְ or any other vowel, remember to say "**vo**"!
Practice reading these words:

עָוֹן   וְעָוֹן   עֲוֹנוֹת   מִצְוֹת   בְּמִצְוֹתַי

Clue to the Quest 17

One word on each line contains the "**vo**" sound. Circle it. Then add up the point values (shown in parentheses) of all the circled words.

1. עָוֹן (13)	אוֹן (15)	________
2. מִצְוֹת (50)	מַצּוֹת (20)	________
3. עֲוֹנוֹת (75)	עוֹנוֹת (50)	________
4. עֵינֵינוּ (150)	עֲוֹנֵינוּ (175)	________
5. מְצַוְּךָ (90)	מִצְוֹתֶיךָ (100)	________
6. עֲוֹנוֹתֵינוּ (200)	עוֹלָלֵנוּ (300)	+ ________

Total = ________

Our tradition teaches that this is the number of מִצְוֹת in the תּוֹרָה.

Hint: You can check your code by looking back at the illustration of this Key Word on page 78. Use this number to score bonus points in the Climber Caper game in Lesson Seventeen of the Quest for the Golden Kiddush Cup.

א אָלֶף

שׁוֹפָר

What's New?

Fay פ   Final Fay ף

◌ָיו

Vowels You Know

◌ָ ◌ַ ◌ֲ ◌ֹ וֹ ◌ֶ ◌ֱ

◌ִ ◌ִי ◌ֵי ◌ְ ◌ֵ ◌ֻ וּ

◌ַי ◌ֶיךָ ◌ְוֹ ◌ חַ

Letters You Know

א בּ/ב ג ד ה ו ז ח ט י

כּ/כ/ךְ ל מ/ם נ/ן ס ע פּ

צ/ץ ק ר שׁ/שׂ תּ/ת

Vowel Hint

At the end of a word, ◌ָיו makes the sound "ahv."

◌ָיו = ◌ָו

I Can Read Hebrew!

Read these Hebrew words out loud.

1. כַּף סוֹף גוּף סוּף עוֹף
2. חֹרֶף זוֹקֵף אָלֶף אֶלֶף יוֹסֵף
3. מוּסָף תִּרְדּוֹף חָרִיף מַחֲלִיף תֶּאֱסוֹף
4. יָפֶה עָפָר נֶפֶשׁ סֵפֶר שׁוֹפָר
5. תְּפִלָּה נוֹפְלִים גֶּפֶן תֶּפֶן כְּפוּפִים
6. תִּפְאָרָה נִפְלָאוֹת נַפְשְׁךָ לְפָנֶיךָ לְטוֹטָפֹת

I Can Write Hebrew!

Write **F**ay.

פ פ פ פ

Write final **F**ay.

ף ף ף ף

Write these new words.

שׁוֹפָר שׁוֹפָר

אָלֶף אָלֶף

I Can Read Hebrew!

Read these Hebrew words and sentences out loud.

1. עָלָיו בָּנָיו יַחְדָּו פָּנָיו עַכְשָׁו
2. אֵלָיו עֵינָיו עֲבָדָיו רַגְלָיו רַחֲמָיו
3. מַעֲשָׂיו חֲסִידָיו לְפָנָיו כְּנָפָיו יְצוּרָיו
4. אֹהֲבָיו מְשָׁרְתָיו דְּרָכָיו גְּבוּרֹתָיו מִצְוֹתָיו
5. אֵיפֹה הַסֵּפֶר? הַסֵּפֶר תַּחַת הַמַּחְבֶּרֶת.
6. אֵיפֹה הַמַּחְבֶּרֶת? הַמַּחְבֶּרֶת עַל הַשֻּׁלְחָן.
7. אֵיפֹה הַשֻּׁלְחָן? הַשֻּׁלְחָן בַּכִּתָּה.
8. אֵיפֹה הַכִּתָּה? הַכִּתָּה בְּבֵית-הַסֵּפֶר.

The "Write" Letter

You have now learned all five letters that change shape at the end of a word. Fill in the correct form of פ or ף.

Remember: Final letters are used only at the end of a word!

1. כֶּסֶ ___ silver, money
2. גֶּ ___ֶ ן grape vine
3. קְלָ ___ Torah parchment
4. סֵ ___ֶ ר book
5. יוֹסֵ ___ Joseph
6. שָׂ ___ָ ה language, lip

Super Reading Secret #7

בְּרָכוֹת שֶׁל שַׁבָּת

Blend Hebrew words into smooth phrases and sentences. Then blend phrases and sentences into whole passages.

Read each of the blessings below out loud. Then connect the blessing to its matching drawing.

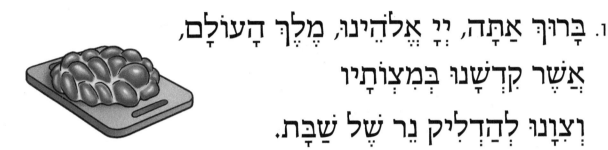

1. בָּרוּךְ אַתָּה, יְיָ אֱלֹהֵינוּ, מֶלֶךְ הָעוֹלָם,
אֲשֶׁר קִדְּשָׁנוּ בְּמִצְוֹתָיו
וְצִוָּנוּ לְהַדְלִיק נֵר שֶׁל שַׁבָּת.

2. בָּרוּךְ אַתָּה, יְיָ אֱלֹהֵינוּ, מֶלֶךְ הָעוֹלָם,
בּוֹרֵא פְּרִי הַגָּפֶן.

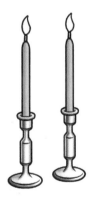

3. בָּרוּךְ אַתָּה, יְיָ אֱלֹהֵינוּ, מֶלֶךְ הָעוֹלָם,
הַמּוֹצִיא לֶחֶם מִן הָאָרֶץ.

Word Search

Find four words hidden in the puzzle below. They may go from right to left or top to bottom. Then write the words below their pictures.

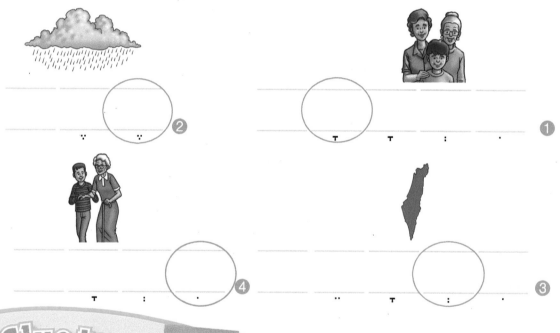

מ	ם	ק	שׁ	ו	ל	ה	ג	בּ
צ	א	ח	א	ה	ח	פּ	שׁ	מ
ו	ל	א	ר	שׁ	י	ר	ם	צ
ה	בּ	ס	י	מ	י	י	ע	וֹ

2

1

4

3

Clue to the Quest 18

Crack the Code

Write the circled letters to find the Hebrew greeting we use on holidays.

1 4 3 2 1

!

Use this greeting to score bonus points in the Ruin Quest game in Lesson Eighteen of the Quest for the Golden Kiddush Cup.

מֹשֶׁה

צָהֳרַיִם

כָּל "All"

What's New? → ◌ֳ

Vowels You Know

◌ָ ◌ַ ◌ֲ ◌ֹ וֹ ◌ֶ ◌ֱ

◌ִ ◌ִי ◌ֵי ◌ְ ◌ֵ ◌ֻ וּ

◌ַי ◌ֶיךָ ◌ְוֹ ◌חַ ◌ָיו

Letters You Know

א בּ/ב ג ד ה ו ז ח ט י

כּ/כ/ך ל מ/ם נ/ן ס ע

פּ/פ/ף צ/ץ ק ר שׁ/שׂ תּ/ת

Vowel Hint

◌ָ sometimes makes the sound of וֹ: כָּל

◌ֳ always makes the sound of וֹ: עֳנִי

When ◌ָ comes right before ◌ֳ both make the sound of וֹ: צָהֳרַיִם

I Can Read Hebrew!

Read these Hebrew words and sentences out loud.

Hint: Every ָ in these lines sounds like "oh."

1. כָּל בְּכָל לְכָל מִכָּל כְּכָל וְכָל
2. קָדְשִׁי גָּדְלוֹ גָּדְלֶךְ בְּגָבְהֵי קָדְשׁוֹ קָדְשֶׁךְ
3. חָפְשִׁי אָזְנַיִם זָכְרֵנוּ שָׁכְבֵּנוּ קָרְאֵנוּ עֳנִי
4. נָעֳמִי צָהֳרַיִם אָהֳלוֹ אָהֳלֶךְ מָחֳרַת פָּעֳלוֹ

Challenge: Circle both words with the "oh" sound in this line.

כָּל הַמִּשְׁפָּחָה בַּבַּיִת. שַׁבָּת שָׁלוֹם!

Sound Check

Circle the letter that ends each word.

1		שׁ	ר	ף	ם	צ	ן	ץ	ךְ	ק	ט
2		י	ן	ץ	ם	ס	ל	ף	ר	מ	ךְ
3		מ	ל	ף	ן	ט	ם	ץ	ךְ	ק	ס
4		שׁ	ל	ף	ס	ט	ן	ץ	ה	ק	ת
5		פּ	ל	ף	ם	ס	ן	ץ	ךְ	ב	ת

Super Reading Secret #8

Some dots do double duty. They tell you that the vowel sound is "O." At the same time they tell you whether the letter ש makes a "SH" or a "S."

אֹשֶׁר שֹׁבַע

I Can Read Hebrew!

Read these Hebrew words out loud.

1. מֹשֶׁה מֹשֶׁךְ רֹשֶׁם חֹשֶׁן חֹשֶׁךְ
2. עֹשֶׁר חֲרֹשֶׁת אֹשֶׁר קְדֹשִׁים נְחֹשֶׁת
3. שֹׂרֵק עָשֹׂה שֹׁבַע שֹׂרֶף נָשֹׂא
4. וְשָׂשֹׂן חָשֹׂף שֹׂנְאַי לַעֲשֹׂר וַיֶּחֱשֹׂף

I Can Write Hebrew!

Write these new words.

צָהֳרַיִם צָהֳרַיִם

מֹשֶׁה מֹשֶׁה

כָּל כָּל

Super Reading Secret #9

Remember that the ָ vowel makes the sound of וֹ in the word כָּל.

The ָ vowel sometimes makes the sound of וֹ when it is followed by ְ : חָפְשִׁי

הַתִּקְוָה

הַתִּקְוָה is the name of Israel's national anthem. It means "The Hope." In two of the words in הַתִּקְוָה the ָ vowel makes the sound of וֹ. Write those two words:

____________________ and ____________________

Hint: See lines 1 and 7.

1. כָּל עוֹד בַּלֵּבָב פְּנִימָה
2. נֶפֶשׁ יְהוּדִי הוֹמִיָּה,
3. וּלְפַאֲתֵי מִזְרָח קָדִימָה
4. עַיִן לְצִיּוֹן צוֹפִיָּה.

5. עוֹד לֹא אָבְדָה תִּקְוָתֵנוּ,
6. הַתִּקְוָה בַּת שְׁנוֹת אַלְפַּיִם,
7. לִהְיוֹת עַם חָפְשִׁי בְּאַרְצֵנוּ,
8. בְּאֶרֶץ צִיּוֹן וִירוּשָׁלַיִם.

מַה נִּשְׁתַּנָּה?

You can now read the Four Questions at your Passover seder!

מַה נִּשְׁתַּנָּה הַלַּיְלָה הַזֶּה מִכָּל הַלֵּילוֹת?

שֶׁבְּכָל הַלֵּילוֹת אָנוּ אוֹכְלִין חָמֵץ וּמַצָּה,
הַלַּיְלָה הַזֶּה כֻּלּוֹ מַצָּה.

שֶׁבְּכָל הַלֵּילוֹת אָנוּ אוֹכְלִין שְׁאָר יְרָקוֹת,
הַלַּיְלָה הַזֶּה מָרוֹר.

שֶׁבְּכָל הַלֵּילוֹת אֵין אָנוּ מַטְבִּילִין אֲפִילוּ פַּעַם אֶחָת,
הַלַּיְלָה הַזֶּה שְׁתֵּי פְעָמִים.

שֶׁבְּכָל הַלֵּילוֹת אָנוּ אוֹכְלִין בֵּין יוֹשְׁבִין וּבֵין מְסֻבִּין,
הַלַּיְלָה הַזֶּה כֻּלָּנוּ מְסֻבִּין.

Clue to the Quest 19 — Four Questions Quiz

Sometimes a prefix added to the word כָּל makes the כּ change to כ:

שֶׁבְּ- + כָּל = שֶׁבְּכָל

How many times does a variation of כָּל appear in the Four Questions? ____

Hint: כֻּלּוֹ and כֻּלָּנוּ are variations.

Which variation of כָּל appears four times? __________

Use this word to score bonus points in the Keep Israel Green game in Lesson Nineteen of the Quest for the Golden Kiddush Cup.

LESSON 20

אוֹי וַאֲבוֹי!

What's New?

וֹי וּי

Vowels You Know

◌ָ ◌ַ ◌ֲ ◌ֹ וֹ ◌ֶ ◌ֱ
◌ִ ◌ִי ◌ֵי ◌ְ ◌ֵ ◌ֻ וּ
◌ַי ◌ֶי ךָ ◌ְ וֹ ◌ חֲ ◌ָיו ◌ֳ

Letters You Know

א בּ/ב ג ד ה ו ז ח ט י
כּ/כ/ך ל מ/ם נ/ן ס ע
פּ/פ/ף צ/ץ ק ר שׁ/שׂ תּ/ת

Vowel Hint

וֹי = "oy" וּי = "oo-ee"

I Can Read Hebrew!

Read these Hebrew words out loud.

1. גוֹי אוֹי כּוֹי נוֹי מָבוֹי
2. גוֹיֵי לוֹיָה אוֹיֵב אֲבוֹי סוֹיָה
3. גָלוּי נָשׂוּי וִדוּי שִׁנוּי בִּטוּי
4. גוֹיִים גְלוּיִים בִּלוּי מִפּוּי אוֹי וַאֲבוֹי

Super Reading Secret #10

When two of these ְ ְ come in a row, the first says, "Stop!" and the second says, "Go!"

ְ ְ = "Stop, then go!"

I Can Read Hebrew!

Read these Hebrew words out loud.

1. קָדְשְׁךְ מַחְשְׁבוֹת יִשְׁבְּעוּ יִשְׂמְחוּ מִשְׁפְּחוֹת
2. עַבְדְּךְ צִלְצְלֵי יִקְרְאוּ תִּזְכְּרוּ מִשְׁפְּטֵי
3. מִשְׁכְּנוֹתֶיךְ נִפְלְאוֹתֶיךְ בְּמִשְׁמְרוֹתֵיהֶם

Sound Check

On each line circle the words that sound the same.

1. סָךְ שַׂק שָׂח
2. נִסָה נָשָׂא נָסַע
3. זוֹט זֹאת זוּט
4. אֲנִי אֳנִי עֳנִי
5. כָּל קַל קוֹל

Clue to the Quest 20

Double-Duty Dot

Read the words below out loud. Then circle all of the words that do *not* contain a "double-duty dot." **Hint:** There are just two words!

1. משֶׁה חשֶׁן נָשׂא חשֶׁךְ חָשׁף
2. שָׁלשׁ שׂרֶף קָדשׁ שָׁלוֹם כְּמשֶׁה
3. שׂטְנַי לָשׂבַע חֲרשֶׁת קְדשִׁם נְחשֶׁת
4. וְשָׁשׂן וַיֶּחֱשׁף קְדשִׁים וּלְהִתְרָאוֹת שְׁלשֶׁת

In Hebrew we never really say "good-bye." Instead, we say, "farewell and see you later!" To learn how to say this farewell in Hebrew, write the words you circled in the spaces below. Be sure to write them from right to left.

____ ____ ____ ____ ←

____ ____ ____ ____ ____ ____ ____ ____

Pictionary

א

אַבָּא

אָדֹם

אוֹי וַאֲבוֹי!

אָלֶף

אִמָּא

בּ

בִּימָה

בֵּיצָה

בְּרָכָה

ג

גֶּשֶׁם

ד

ה

The
הַ-

הַבְדָּלָה

הַלְלוּיָה

ו

ז

ח

חַג שָׂמֵחַ

חַי

חַלָּה

ט

טַלִּית

י

יָד

יַיִן

יִשְׂרָאֵל

כּ

All
כָּל

ל

מ

מְזוּזָה

מִיץ

מֶלֶךְ

מַצָּה

מִצְוָה

מִצְוֹת

מֹשֶׁה

מִשְׁפָּחָה

נ

נֵר

ס

סַבָּא

סַבְתָּא

סֻכָּה

ע

עַם

פּ

צ

צָהֳרַיִם

ק

קִדּוּשׁ

ר

רֶגֶל

שׁ

שׁוֹפָר

שָׁלוֹם

שָׁם

שַׁמָּשׁ

שֶׁמֶשׁ

ת

תּוֹרָה

שָׁלוֹם וּלְהִתְרָאוֹת!

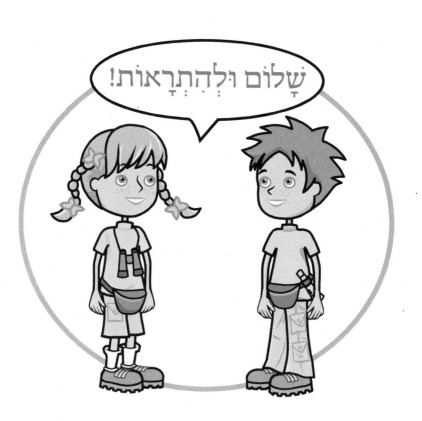